斎藤一人

大富豪が教えてくれた

本当に
豊かになれる
大金持ちごっこ

みっちゃん先生

ロング新書

はじめに

「大金持ちごっこ」。これは、生涯納税額日本一の大実業家、斎藤一人さんが、私に教えてくれた「楽しいゲーム」です。

かつて、私はＯＬで、限られた月々のお給料を、節約しながらやりくりしていました。

そのころ、ひとりさんがこんなことを言ったのです。

「みっちゃん、誰でも自然とお金持ちになれちゃう『楽しいゲーム』があるんだよ。

これをやると、どんなに貧しい人だって、もう貧乏には戻れない（笑）。

誰でも、『豊かで幸せな成功の波動』になっちゃうんだよ。

どうだい、みっちゃん、このゲームを今日からやってみないかい？」。

私はワクワクしながら、大喜びでこう答えました。

「ひとりさん、私、そのゲーム、ぜひやりたいです！　教えてください！」。

そのゲームが「**大金持ちごっこ**」です。

そのとき、ひとりさんは、ちょっと真剣な顔になって、こんなことを言いました。

「それじゃあ、みっちゃん、ゲームを教えてあげるよ。

でもね、ひとつだけ、約束してほしいんだ。

このゲームをやって、みっちゃんが本当に『お金持ち』になったら……、こんどはオレから教わったことを、誰かに惜しみなく教えてあげてほしいの。

自分が経済的にも精神的にも幸せになることで、周りの人も、もっともっと幸せにしたい……と願っている誰かに、このゲームを教えてあげてほしいんだ」。

私は、この約束を必ず果たすことを、ひとりさんに誓いました。

そして数年が過ぎ、私は本当に豊かになることができました。

おかげさまで、江戸川区の長者番付には、毎年私の名前が載っています。「普通のＯＬ」もろくにつとめられなかった私が、こんな奇跡を起こすなんて、自分でもまったく信じられません……（笑）。

でも、現実に、自分も周りもびっくりするほどの、大成功をおさめることができたのです。

さあ、ひとりさんに教わった「楽しいゲーム」を、こんどは私があなたに教える番です。

このゲームをするのに、一円もかかりません。

このゲームをいつもやっていれば、あなたの人生は「成功」か「大成功」しかないのです。

まず、ゲームをすることで、毎日がワクワク楽しくなります。それだけで、あなたの人生は成功したことになります。

そして、経済的に豊かになったり、仕事で出世できたら、大成功ですよね。

あまりかまえずに、気軽な気持ちで楽しくやってくださいね。

「**大富豪が教えてくれた、本当に豊かになれる大金持ちごっこ**」。

そのすべてを、あなたに伝えます。

みっちゃん先生

目次

第2章

知っていると、人とお金に愛される「魔法の習慣」

編集協力／田宮陽子
本文イラスト／成瀬　瞳

第１章

あなたを
“幸せなお金持ち”に導く
「大金持ちごっこ」

幸せなお金持ちの人からは「豊かで幸せな成功の波動」が出ている

「どうしたら、『お金持ち』になれますか？」。

世間の人から、ひとりさんに、こんな質問をいただくことがあります。

そんなとき、ひとりさんはよく、こう言っています。

「『お金持ち』になる方法はね……、それはいろいろなことの総合点だから、ひとことでは言えないけれど……、ひとつだけ言うのなら、自分の波動を、『豊かで幸せな成功の波動』に変えちゃえばいいんだよ」。

ひとりさんが言うには、「お金持ち」の人からは「豊かで幸せな成功の波動」というものが出ているそうです。

「波動って、いったいなあに?」と思う人もいますよね。

「波動」というのは、その人の体から出ている「周波数」のようなもの。

「波動」という言葉がわかりづらいようでしたら、その人の「雰囲気」とか、その人の「ムード」とか、そういった感じで想像してみてくださいね。

ちょっとだけ難しい話になるかもしれませんが……、ひとりさんいわく、

「お金持ちの波動」というのは、**「波動の周波数が高い」**のだそうです。

パワーに満ち満ちていて、エネルギーが外に発散されている。

これが「成功の波動」の特徴なのだそうです。

その反対に……、「お金に困っている人」や「お金がなかなか入ってこ

ない人」からは、**「不幸な貧乏波動」**というものが出ているそうです。

「不幸な貧乏波動」は、「波動の周波数が低く」、パワーが弱弱しくて、エネルギーが内向きになっているそうです。


もし、あなたが「お金持ち」になりたければ……、あなたの波動を「豊かで幸せな成功の波動」に変えてしまえばいい。

そうしたら……、実際に、あなたのところに成功や幸せになるチャンスがどんどん訪れます。

これが、ひとりさんいわく、「自分の波動に見合った出来事が現実に起こる」という、**「波動の法則」**というものです。

暗い
どよ〜ん
キラキラ!!
嬉しい
楽しい
不幸な
貧乏波動
豊かで幸せな
成功の波動

「だったら、『豊かで幸せな成功の波動』になる方法を教えて！　早く！」

と、あなたは思うでしょう？

大丈夫、難しいことは何もありません。

今回、あなたに教える「大金持ちごっこ」をやっていれば、あなたは自然と「豊かで幸せな成功の波動」になってしまうのです。

ワクワクしながら、楽しみにしていてくださいね。

★豊かで成功してしまうひとりさんの教え★

自分の波動を「豊かで幸せな成功の波動」にしよう！

「大金持ちごっこ」のやり方

それでは、いよいよ、**「大金持ちごっこ」**のやり方を説明しますね。

ゲームのやり方は、これからじっくりお話していきますが……、カンタンに言うと、**自分の周りにあるモノを、豊かに、ジョークを交えて言うクセをつける。そういう、ゲーム（訓練）なのです。**

例えば……、「まるかん」の本社の前にはコンビニがあるのですが……、ひとりさんは、そのコンビニのことを**「うちの冷蔵庫」**って呼んでいるんですね。

もちろん、本社に本物の小さな冷蔵庫はあるんですよ。でも、お客さんが本社に集まって、打ち合わせをしているときなど、その途中で何か飲みたくなることがありますよね。そういうときは、誰かが「うちの冷蔵庫」へサッと行って、そのつど好みのものを出してくる（買ってくる）のです。

ちなみに、ひとりさんが、コンビニのことを「うちの冷蔵庫」と呼んでいると、詳しい事情を知らない人はこう思うんですって。

「さすが、ひとりさんって、お金持ちだな……。コンビニ一軒、まるまる持っているんだ……」。

もちろん、ひとりさんはコンビニを経営してはいません（笑）。コンビニを経営している人も、ひとりさんのお知り合いでも、何でもありませんから、まちがえないでくださいね……念のため（笑）。

24コンビニ
24
うちの
冷蔵庫！

ひとりさんが「うちの冷蔵庫」と呼ぶのは、もちろんジョークも交っていますが、ただのジョークだけではないのです。

これは「大金持ちごっこ」の一環なのです。

ひとりさんはこんなふうに言っています。

「大きな冷蔵庫を買っても、場所をとるし、みんなが食べたいものや飲みたいものが全部しまえるわけじゃないよな。歩いて一〇秒のコンビニに行けば、お茶だって、コーヒーだって、サイダーだってあるよ。

それを『うちの冷蔵庫』って呼んでいれば、なんか笑えるし、楽しいよな。

だから、オレは全国に何千もの『うちの冷蔵庫（全国のコンビニのこ

と)』を持っているの(笑)。

それで、そんなふうに、豊かに、ジョークを交えて言うクセがつくと、現実でも、豊かな発想が出るようになるんだよ。

ホントにコンビニを持てるような、『豊かな知恵』が出るんだよ。

自分の波動が、成功の波動に変わっていっちゃうんだよな」。

これが、「大金持ちごっこ」の基本的な考え方です。

まだまだ、不思議なことや、わからないこともいっぱいあると思いますが、それは少しずつお話していきますね。

とりあえず……、「大金持ちごっこ」の最初の一歩です。

あなたも今日から、家の近くのコンビニのことを「うちの冷蔵庫」と呼んでみませんか?

★豊かで成功してしまうひとりさんの教え★

コンビニのことを「うちの冷蔵庫」と言おう

すべてのものを「自分のもの」だと思ってみる

ひとりさんは、ドライブが大好きで、毎日のように愛車のハイブリッドのワンボックスカーでドライブをしています。

そのときによく「高速道路」を通るのですね。

ひとりさんは、「高速道路」のことを、**「オレの自家用道路（笑）」**と呼んでいます。

そして高速道路を走っていると、料金所でお金を払いますよね。

あのお金は、ひとりさんいわく**「自家用道路の維持管理費（笑）」**だと思って払っているそうです。

「オレの自家用道路を、毎日誰かがきちんと管理してくれているんだと思うと、すご～く楽しくて、豊かな気持ちになるの（笑）。それで料金所で七〇〇円とか払うときも、『この金額で、オレの道路を、管理してくれているんだ！』と思うと、ものすごく安くて笑いが出ちゃうくらいなんだよ（笑）」。

ひとりさんのように、高速道路を走るときに、「私の自家用道路！」と思いながら運転すると、すっごく気持ちいい（笑）。それで、料金所のおじさんにお金を払うときも、「いつも、ありがとうございます！」ってとびきりの笑顔でお礼を言って、頭を下げたくなるんです。

ただ、「思い」をちょっと変えただけなのに、不思議と楽しいんですよね。「大金持ちごっこ」を知らないときは、もくもくと運転して、料金所でお金を払うときも、「またお金払うのか……」なんて、ためいきをつきたいぐらいだったのに……。

それから、私たち「ひとりさん仲間」が、数カ月に一度、江戸川区が運営している「文化センター」に集まって、勉強会や余興大会をやっているんですね。

この「文化センター」のことを、ひとりさんは**「まるかん大ホール」**と命名し、仲間内ではそう呼んでいるんですね。

「明日は午後から、まるかん大ホールに集合だね！」とか、「来月は、まるかん大ホールで逢おうね！」とかいうふうに……。そんなふうに呼ぶと、まるで私たちの会社が「専用の大ホール」を持っているみたいな豊かな気持ちになるんです。

そして、自分のものだと思って使うと、楽屋も客席も大切に使うようになるし、ゴミひとつ落とさないようにしてキレイに立ち去るので、終わってからの後片付けもラクになり、一石二鳥です。


また、私たち社長仲間で東北を旅していて、青森県に行ったときのこと。青森県に、無人島があることを知ったのです。その島は、まんまるくて、とてもかわいらしい形をしていたのですが、ひとりさんがすかさずこう言いました。

「あれは、これから、『はなゑ島』と呼ぼう！ (笑)」。

ひとりさんがこう言ったとき、旅に同行していたはなゑさんは、ものすごく嬉しそうな顔をしていました。

また、しばらく運転していて、ステキなロケーションに立っている灯台を見つけると、こんどはひとりさんはこう言ってくれるのです。

「あの灯台は、今日から『みっちゃん灯台』と呼ぼう！（笑）」。

こんなふうに、旅のあいだに、ステキなものとか、いいものを見つけると、ひとりさんは同行している仲間の名前をもじって、命名してくれるんですね。

これ、名前をつけてもらった人は、すご～くうれしいものなんです。

そして、自分の名前をつけてもらうと、その後、そのものがすごく気になり出すんですね。「そろそろ、『みっちゃん灯台』をもういちど見に行きたいな……」みたいな感じで……（笑）。

こんなふうに……、公共の道路とか、公共の施設とか、旅先で見つけた「島」とか、「灯台」までも……。「もしも自分のものだったら……」とか、「もしも仲間のものだったら……」というシチュエーションにして、みんなで話を広げていくんです。

そう、**「大金持ちごっこ」は、いわゆる「ドリーム・ゲーム」です。**

でも、これをやっていると、なんだかすごく楽しくなってきて、自分も大笑いしちゃうし、その場にいる人も大爆笑。それで、み～んなハッピーになれるんですね。

こんなふうに、いつも「大金持ちごっこ」をやって、「楽しい波動」を出していると、実際に「いいこと」とか「豊かさ」も、どんどん引き寄せ

今日からこれは
みっちゃん灯台！

てくれるようになるんです。

これが「大金持ちごっこ」の特徴です。

「大金持ちごっこ」をやっていて、みんなでワイワイ楽しんでいるうちに、不思議な「引き寄せ」が働いているようなのです。

★豊かで成功してしまうひとりさんの教え★

高速道路は「オレの自家用道路（笑）」
料金所で払うお金は「維持管理費（笑）」

魚肉ソーセージじゃなくて「松阪牛」

ご存じの方も多いと思いますが……、東京の新小岩には「ひとりさんファンの集まるお店」というお店があります。

ひとりさんはこのお店に、サプライズで行くことがあるのですが、運良くひとりさんに逢えた人は、大喜び。ひとりさんが入っていくと、お客さんから、「キャー！」とか、「やった〜！」とか、ものすごい歓声が上がります。

ひとりさんはひとしきり、みんなに声をかけたり、お店の様子を店長から聞いたりします。

そして、しばらくすると、「よし、そろそろ始めるか」とパンと膝を打つと、店のテーブルに置かれているホットプレートの前に座ります。

これから、ひとりさん特製の料理が始まるのです。

この「ファンのお店」では、三〇〇〇円を払うと、ひとりさんの料理が好きなだけ食べられます（お酒やノンアルコールビールなどを飲む人は、そのつどプラス一〇〇〇円いただいています）。みんなでホットプレートを囲み、ひとりさんの作ってくれる料理を食べながら、ひとりさんの話を聞く時間は格別に楽しいのです。

この「ファンのお店」では、調理や買い物や洗い物などを手伝ってくれているお客さんがいます。

通称「キッチン隊」といって、現在は六名の方が中心になってくれています。まりちゃん（小谷まりこさん）、くみちゃん（永井久美子さん）、なおちゃん（真塩尚美さん）、うっちゃん（打矢清美さん）、しんちゃん（松村信吉さん）、ボンサン（生井祥子さん――※ボンサンというのは、ひとりさんがつけたアダナです。外国の方ではありません（笑））。

このキッチン隊がすごいのは、なんと自分たちの料理代の三〇〇円を払いつつ、調理場の作業を快く手伝ってくれていること。みなさん、ひとりさんが大好きで、ひとりさんの教えによって人生が楽しくなったので、「何か恩返しがしたいんです」と進んで申し出てくれたのです。

また、弟子仲間である社長たちが「ファンのお店」に来たときは、一万円札をカンパしてくれたりもします。

このように、愛のある多くの方に支えられて、「ひとりさんファンの集

「キッチン隊」のみなさんです

まるお店」が成り立っていることを思うと、私はいつも感謝の気持ちでいっぱいになるのです。

ひとりさんはご自分で作る特製料理を、ジョークでこんなふうに言うんですね。

●「魚肉ソーセージ」を焼いた料理を配るとき……

「よーし、〝松阪牛〟、食べるかい?」。

●「フランスパンを焼いた料理」のことを……

「今日も〝フランス料理〟が食べられていいね!」。

●「『カニかまぼこ』をお酢につけた料理」のことを……
「今日は、〝なんちゃって越前ガニ〟、いっぱい食べていいよ」。

●「しめじ」を炒めた料理のことを……
「今日はごうせいだなあ！　〝マツタケ〟が食えるなんて……」。

●「プラスティックのお皿」のことを……
「〝プラチナのお皿〟によそおう！」。

●「一〇〇円ショップで買ったお椀」のことを……
「〝漆塗りのお椀〟だな（笑）」。

●「ノンアルコールビール」のことを……
「オレに〝ドンペリ〟ちょーだい！（笑）」。


……こんなふうに、「大金持ちごっこ」がひっきりなしに始まるのです（笑）。

ひとりさんがそう言うたびに、お客さんたちは大爆笑。

ひとりさんいわく、料理を命名するときのポイントは、誰が見ても「ぜんぜん違うけど、ちょっと似てるかもしれない……（笑）」と、ふっと笑いが出るように名前をつけること。

例えば、「魚肉ソーセージ」と「松阪牛」って、ぜんぜんちがいますよね（笑）。

この「違うけど、そう言われると似てるかも……」というのが、ジョークでもあり、命名のポイントなのだとか（ちなみに、「ひとりさん仲間」で、こんなことする人はいないと思いますが……。例えば「アメリカ産牛肉」を「これ、松阪牛だよ」と偽って言うようなジョークは笑えませんよね。こういうホントに間違えてしまうようなジョークは、「大金持ちごっこ」の真髄からはずれています）。

ひとりさんは料理をとるのを遠慮しているお客さんに向かって、「**はい、松阪牛はアツアツのうちに早く食べた方がいいよ。冷めてくると、なぜか魚の香りがするからね（笑）**」なんて言うと、みんな、お腹をかかえて笑いながら、箸をせっせと伸ばすのです。

「料亭よしの」の
牛丼はいつ食べても
美味しいねえ
〇〇丼
定食

ひとりさんとお客さんの間で、ジョークと笑いが飛び交っているのを見られるのも、「ひとりさんファンの集まるお店」ならではのお楽しみなのです。

「ファンのお店」以外でも、ひとりさんは社長仲間と何か食べに行ったとき、こんなふうに「大金持ちごっこ」を続けています。

●「吉野家の牛丼」を食べに行ったときに……

「〝料亭よしの〟の牛丼は、いつ食べてもうまいなあ！」

●中華料理店で、「中華丼」を食べるとき……

「〝単品満漢全席〟を頼もう！」

（※「単品満漢全席」とは、ひと皿の中に、野菜も、肉も、うずらの卵も、ごはんも入っているから、満漢全席みたい……という意味）。

こんなふうに、ひとりさんの「大金持ちごっこ」は意表をついていて、一緒にいる人は大笑いしながら楽しくごはんを食べることができるんです。

ちなみに、自分の食事を、「たいしたことないもので済ませた……」って言う人がいますよね。

謙遜して言っているのかもしれませんが……、こういう言い方を聞くと、私はちょっと寂しくなるんです。

ひとりさんはこんなふうに言っているんです。

「ホテルのレストランで豪華なランチを食べても、二千円か三千円だよね。オレたちは、そのお金が出せないわけじゃないの。ホテルのレストランでも食事はできるんだけど……、今日はそれを蹴って、ファンのお店で、〝なんちゃって松阪牛〟とか〝なんちゃって越前ガニ〟を食べてるの。なぜって、そっちの方が楽しいし、美味しいし、ホッとするの。それが食べたいから、自分で選んだんだよね。

みんなも、今日食べたものは、食べたいから、自分で選んだんだよね。それを『たいしたことないもの……』なんて言うのは、すごく寂しいし、貧しい言い方だよね。もっと、心が楽しくなるような言い方に変えた方がいいよね」。

あなたも、今日食べるものを、「大金持ちごっこ」で、言い換えてみませんか？　一緒に食事をする人が思わず吹き出してしまうような言い方が見つけられたら、また一歩、あなたは「豊かで幸せな成功の波動」へ近づいたことになるのです。

★豊かで成功してしまうひとりさんの教え★

ランチで食べるものを「大金持ちごっこ」で言い換えてみよう

「一流ホテルのレストラン」で食事をしている〝つもり〟で練習をしておく

ひとりさんはよく、こんなふうに言っています。

「みっちゃんが、『こうなりたい！』と思うことがあるとするよね。

そしたら『自分はもうそうなったんだ』という〝つもり〟で、行動するの。

そうすると……、みっちゃんが叶えたいことが、すごいスピードで、本当に実現するようになるからね」。

具体的に説明しますと……、あなたが「いつか一流ホテルのフレンチレストランで食事してみたいな～」と思うとしますよね。

そうしたら、「一流ホテルで食事をしている〝つもり〟」で、お家で「目玉焼き」を食べるときに、ナイフとフォークを使って、上品に上手に食べる練習をしてみるのです。

そうすると、実際に、何が変わってくるでしょうか？

例えば、誰かにふいに高級レストランに招待されたとき、「私、そんなすごいとこ行けない……」なんておじけづいたりしないで、堂々と出かけていくことができます。そして、ナイフとフォークを上手に使って、ゆったり食事を楽しむことができますよね。

あなたを招待してくれた人は、「この人は、きちんとしたマナーを知っている人だ」とか、「一流ホテルのレストランでもちゃんとふるまえる人だ」と、あなたに一目置き、あなたのことを「セレブ」として扱うようになるでしょう。

そうすると、あなたも自分のふるまいに「自信」が持てるようになります。

この「自信」が、ポイントなのですね。

人は自分に「自信」が持てると、この「自信」が、あなたの夢に見合った、ステキなチャンスをどんどん引き寄せるのです。

例えば……、いい仕事がたくさんまわってきて、収入がアップするようになったり……。

豪華なホテルで食事をごちそうしてくれるような、ステキな先輩や仲間

と知り合うことができたり……。

そして、あなたは本当に「一流ホテルで食事ができるような人」になってしまうのです。

これはウソのようなホントの話です。


「こうなりたい」と思うことがあったら、先手を打って、すでに「自分はすでにそうなっているのだ」という〝つもり〟で行動してみませんか？

これを**「つもり行動」**と言います。

この「つもり行動」は、他のことにも、まったく同じように使えます。

いまがどうであれ、「お金持ち」になりたいのなら、「お金持ち」になったつもりで行動してみる（お金のかからないことで……）。

お金持ちのつもり
つもり行動

そうすると、本当に「お金持ち」になるチャンスがどんどんやってきます。

「成功者」になりたいのなら、「成功者」になったつもりで行動してみる。

そうすると、本当に「成功者」になるチャンスがどんどんやってきます。

「幸せ」になりたいのなら、「幸せ」になったつもりで行動してみる。

そうすると、本当に「幸せ」になるチャンスがどんどんやってきます。

この「つもり行動」のカンタンバージョンが、「大金持ちごっこ」です。

「大金持ちごっこ」には、あなたの想像以上に、底知れぬパワーが秘められているのです。

★豊かで成功してしまうひとりさんの教え★

一流ホテルに行ったつもりで「目玉焼き」をナイフとフォークで食べる練習をしよう

中古のカローラは「メルセデスベンツ・カローラⅡコルサ」

先ほどお話した「**つもり行動**」にまつわる、おもしろいエピソードをもうひとつお話ししますね。

私が初めて車を買ったのは、「中古のカローラ」でした。

当時、一三万円ぐらいで手に入れたのを覚えていますが、それでも私にとっては、コツコツ貯めた貯金をはたいて、清水の舞台から飛び降りるような気持ちで買ったのを覚えています。

そのカローラに、初めてひとりさんを乗せてドライブしたとき、ひとり

ベンツのつもりで運転しよう

さんはこんなふうに言いました。

「みっちゃん、今日から、この車を『ベンツに乗ったつもり』で運転してごらん」。

「……え？」。私は最初、ひとりさんが何を言おうとしているのか、さっぱり理解できませんでした。でも、ひとりさんは、こう言ったのです。

「中古のカローラを、〝ベンツ〟だと思って運転するの。ベンツに乗っている人は、それなりに成功している人が多いよね。そういう人は運転マナーもよくて、運転に余裕があるはずだよ。前の車をあおるような運転をしたり、横入りなんて絶対にしない。逆に、急いでいる車がいたら、『どう

ぞ、お入りください』ってジェスチャーして入れてあげるの。そういう堂々とした余裕が、ベンツを運転している人が出している『成功波動』なんだよ」。

そして、ひとりさんは私の車に、さっそく名前をつけてくれました。

「今日から、みっちゃんの車は『メルセデスベンツ・カローラⅡコルサ』にしよう！」。

そして私は、毎日、ベンツに乗っている〝つもり〟で、カローラを楽しく運転していたのです。

その数年後、私は仕事で大成功して、本物の「高級外車」を買うことができました。

ひとりさんが言うように、「ベンツに乗っているつもり」になると、**自然と「運転マナーが良くなる」とか、「急いでいる人を入れてあげられる余裕ができる」とか、そういう不思議な効果が生まれてくるんですよね。**

それこそが、ひとりさんの言う「豊かで幸せな成功の波動」なんです。

あなたも今日から、自分の車を「ベンツのつもり」で運転してみませんか？

★豊かで成功してしまうひとりさんの教え★

車を運転するときは「今日もオレのベンツは快調だな（笑）」と言ってみる

みんな大好き、「シャネムラ」に行こう！

みなさんは、ファッションセンター「しまむら」には行きますか？

実は、私も、社長仲間のはなゑさんや真由美さんも、「しまむら」が大好きなんです。

「しまむら」の洋服って、ものすごく安くて、種類やサイズもいっぱいありますよね。流行はきっちりおさえていて、可愛いものやかっこいいデザインなど、「掘り出し物」がいろいろあるんです。一万円あれば、トップスもボトムも、コートも、靴も、全身のコーディネイトが楽しめるんですよね。

そんな楽しい「しまむら」。私たちはドライブのついでに「しまむら」に寄って、買い物をするのを楽しみにしているんですが……。ある日、ひとりさんが、「しまむら」の看板を見つけると、ニコニコしながら、こう言ったんですね。

「よし、今日も、〝シャネムラ〟に寄って、洋服いっぱい買ってきていいよ（笑）」（※「シャネムラ」とは、シャネルと「しまむら」をかけたジョークです）。

これを聞いて、私も、はなゑさんも、真由美さんも大爆笑。「シャネムラとは……、ひとりさん、うまいなあ！」と手をたたきながら、みんなで笑ってしまったんです。

私たち社長仲間は、おかげさまで、みんな「長者番付」に載るほど成功

ファッションセンターしまむら
シャネムラに行こう！

させていただいています。だから、本物の「シャネル」だって、買おうと思えば買えるんですよね。

だけど、みんな「シャネムラ（しまむら）」が好きなんです。大量の洋服の中から、みんなで「掘り出し物」を見つけたり、可愛い帽子をおそろいで揃えたり、会社のスタッフにおみやげにしようと、可愛い模様の靴下をワイワイ選んだりしているひとときが、たまらなく楽しいんですよね。

ちなみに、ひとりさんは**「女性は〝花〟だよ。だから、いつも華やかな洋服を着てなね」**と私たちに言っています。

「華やかな洋服」とは、何も高価なブティックで買った服じゃなくてもいいんです。

プチプライスであっても、明るいピンクとか、きれいなターコイズブルーとか、ネオンカラーとか、見ている人の目がパッと華やぐような色のものって、ちゃんとあるんですよね。

黒とかグレーとか、茶色ばかりを好んで着ている人もいますが……、こういう地味な色は、ひとりさんいわく**「地味な色は、花じゃなくて〝土の色〟だよ。女性は〝花〟だから、〝花〟として生きた方が幸せになれるんだよ。〝土〟として生きちゃダメだよ」**。

実は、その人の見た目（雰囲気）は「金運」にも影響するそうです。暗くて、地味な色ばかり着ていると、「貧しくつまらない人生」を歩むことになってしまうので要注意！　洋服を新しく買うときは、なるべく明るい華やかな色のものを選びたいですね。

私たちが大好きな「シャネムラ」に行けば、二〇〇〇円ぐらいで、華やかで可愛い色のニットやブラウスがいっぱいあります。

「シャネムラ」を上手に活用して、人にもお金にも愛される、明るい華やかなコーディネイトを楽しみたいですね。

★豊かで成功してしまうひとりさんの教え★

「シャネムラ」で、華やかな色の洋服をいっぱい買おう！

ひとりさんにかかれば毛玉のついた靴下も「セレブの靴下」に

「大金持ちごっこ」のエピソードを知るとわかると思いますが……、ひとりさんの発想って、すっごく画期的で意表をついていますよね。

しかも、何かを言われたら、パッと切り返せる「俊敏さ」。

この頭の回転の速さが、本当にすごいと思います。

そんなエピソードを、またひとつご紹介しますね。

ある日、ひとりさんが履いている「靴下」に、たまたま「毛玉」ができていたのを、真由美さんが発見しました。

それで、「ひとりさん、靴下に毛玉がありますよ～」と可愛く注意をしたのです。

すると、ひとりさんは、わざと生真面目な顔をして、こんなことを言ったのです。

「あのね、これは毛玉じゃないんだよ。京都に古くから伝わる『毛玉織り』っていう高級な布地で作った、セレブの靴下なの（笑）」。

これを聞いて、その場にいた人は、あっけにとられて大笑い。

もちろん、「毛玉織り」っていうのは、ひとりさんの楽しいジョークです。

でも、パッと切り返すところが、本当にすごいですよね。

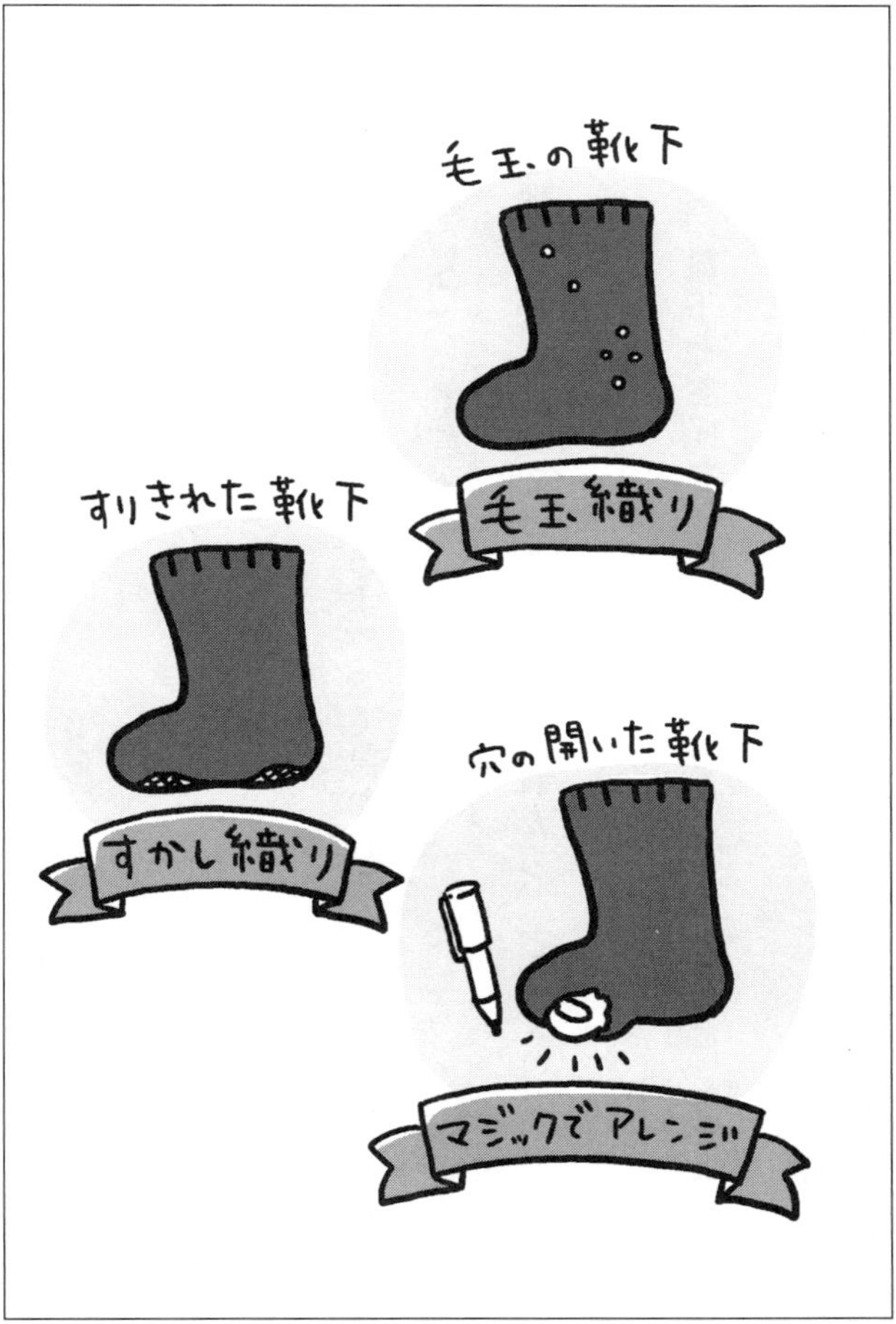
毛玉の靴下
毛玉織り
すりきれた靴下
すかし織り
穴の開いた靴下
マジックでアレンジ

このお話には続きがあって、ひとりさんはこんなことも教えてくれました。

「『靴下に毛玉があるよ』って言われたら、『これは、毛玉織りなんです(笑)』って言えばいい。

それで、『靴下がすりきれてるよ』って言われたら、『これは、すかし織りなんです(笑)』って言えばいい。

あと、『靴下に穴が開いてるよ』って言われたら、どうすればいいか知ってる？

足の指を、靴下とおんなじ色にマジックで塗っちゃえばわからないの(笑)

……っていうのはジョーダンだけど、『靴下の毛玉』もそうだけど、自

分が弱いところをつかれたら、相手が大笑いするようなジョークで切り返す。

『恥ずかしい』とか『隠したい』とか、そういう態度でいちゃダメなんだよ。


堂々とジョークで切り返す。

これも『大金持ちごっこ』の一環なんだよな」。


なるほどなあ……と、しみじみ思いました。

自分のコンプレックスとか、失敗とか、「隠しておきたいこと」って、誰でもありますよね。

でも、そういうことも、明るくジョークにして言えたら……、ひょっとしたら「隠しておきたいこと」も、「魅力」や「強み」に変わるかもしれない。
「毛玉の靴下」のエピソードから、私はまたひとつ大きなことを学んだのでした。

★豊かで成功してしまうひとりさんの教え★

「靴下に毛玉ついてるよ！」と言われたら
「……これは高級織物『毛玉織り』なんだよ（笑）」と
切り返そう

「貯金通帳に一億円ある」と思うだけで「豊かで幸せな成功の波動」になる！

さあ、いよいよ「大金持ちごっこ」もクライマックスに突入です。

「大金持ちごっこ」の最たるものに、こんな方法があります。

「自分の貯金通帳に一億円があるつもりで生活する」。

どういうことかというと……、「自分の貯金通帳には、一億円が入っているんだ！」ということを一日に何度もかみしめながら生活してみるのです。

このことは実にカンタンなことですが……、あなたの「お金に対する思い」を劇的に変えるそうです。

ひとりさんはこんなふうに言っています。

「あのね、自分の波動を『豊かで幸せな成功の波動』に変えたかったら、『自分の貯金通帳に一億円が入っているつもり』で生活してみるといいよ。

この一億円は『心の余裕貯金』なの。『一億円あるつもりで、お金をめちゃくちゃに使っていい』っていう話をしているんじゃないよ。『心の余裕貯金』として一億円があることをベースにして、実際の貯金をプラスしていくつもりでいるといいよね。

それで、お金を使うときは、こういうふうに思うといいの。

『私は、これを払っても、まだまだお金がある！　だって、あと一億円もあるんだから！』。

¥100,123,456＊
1億あるつもり
余裕
余裕

家賃を払っても、『まだまだ一億円もある！』。

税金を払っても、『まだまだ一億円もある！』。

こんなふうに、『まだまだ余裕がある』って思いながらお金を払うのが、豊かな成功者の発想なの。

この心の余裕が、『豊かで幸せな成功の波動』なの。

それからね、定食屋でレバニラ定食を食べるとするじゃない。そういうときは、『オレは一億円もあるから、ホテルのレストランでディナーも食べられる。だけど、それを蹴って、あえてここの定食屋のレバニラ定食を選んでる。それほど美味しいレバニラなんだ！』って思いながら食べるんだよ。

ここがポイントなの。『レバニラしか食べられない……』って思うのと、

『ホテルでディナーも食べられるけど、あえてレバニラを選んだ』っていうのとでは、出す波動が違ってくるんだよな。

『いくら一億円があると思っても、実際には使えないじゃないか……』って思う人がいるかもしれない。

でもね、そう思っちゃダメなの。

『一億円あっても、私はいまの生活で十分だから、使わないんだ！　そんな私って、えらいんだ！』って思わなきゃダメなの。

だって考えてもみてごらん。

一億円貯金があるのに、まだまだ貯金をしようっていうのは、経済観念がしっかりしてるってことだよね。

それから一億円もあるのに、まだまだ働こうっていうのは、すごく働き者だっていうことだよね。

だから、『私って、経済観念がしっかりしてて、えらいよね！』とか、『一億円あっても、会社に行こうと思う自分ってえらいな！』って自分のことを褒めてあげてほしいの。

それから今月一万円貯金ができたなら、『これで一億一万円の貯金だ！』って思うと、貯金することがすっごく楽しくなるよね。

これは、ちょっと悪いたとえかもしれないけれど……、会社で部長にガミガミ怒られたとするじゃない。

そういうとき、心の中で、『このガミガミ言ってる部長より、私の方が貯金をいっぱい持っているんだ！　だって一億円もあるんだから……』って思うと、怒られてても気持ちがしょぼくれないよね。

こういうふうに、いつも楽しさや余裕を感じていることが、『豊かで幸せな成功の波動』なんだよ。

この『豊かで幸せな成功の波動』が、お金に愛されるコツなの。

とにかく、『通帳に一億円あるつもり』で生活してごらん。

そうすると、何かが確実に変わってくるからね」。

あなたも今日から「通帳に一億円あるつもり」で生活してみませんか？

たぶん、あなたが想像もしなかった、いろいろな効果が表れてくると思います。

例えば……、「ひとりさんファンの集まるお店」の仲間たちが「通帳に一億円あるつもり」で生活したところ、こんな効果があった……と報告してくれました。

「私、自分のアパートの家賃を払うときに、『なんでこんな狭い部屋なのに、こんなに高い値段を払わなきゃいけないの!?』と思って、イライラしながら払っていたんです。でも、『家賃を払っても、通帳にまだまだ一億円もある！』と思ったら、すごく気持ちよく家賃を払うことができました。なんだか気持ちが豊かになって、大家さんに逢ったときも『いつも、本当によくしていただいて、ありがとうございます』ってとびきりの笑顔で言うことができたんです。そしたら大家さんから、美味しいリンゴをもらっちゃいました」

　という人がいました。

また、こんな人もいました。

「いままで私は『不要なもの』を貯め込むクセがあったんです。たとえば昔の雑誌とか、化粧品のサンプルとか、洋服を買ったときにもらう紙袋とか……。『いつか使うかもしれない……』って思うと、もったいなくて捨てられないんです。とにかく、不用品が部屋にいっぱいあって、ごちゃごちゃになっていたんです。でも、『通帳に一億円がある！』と思ったら、『必要になったら、いつでも買えばいいよね』っていう気持ちに変わったんですね。それで不要なモノをどっさり捨てたら、部屋が見違えるようにスッキリ。頭の中も、心の中もスッキリしました。そしたら、突然、新しい仕事の依頼が来たんです！　なんか、ますます豊かになれそうな気がします！」

という人もいました。

もしも、すぐに良いことが起こらなくても、とにかくあなたの心に「余裕」が生まれて、気分がワクワクしてきます。

「心の一億円のおかげで、いつも上《じょう》気《き》元《げん》で過ごせる」（※ひとりさんは「上機嫌」を「上気元」と書きます）。

それだけでもラッキーですよね。

「心の一億円がもたらす奇跡のストーリー」を存分に楽しんでくださいね。

★豊かで成功してしまうひとりさんの教え★

「貯金通帳に一億円があるつもり」で生活してみよう

「ずっと貧乏をしている人」はそこから抜け出すのが難しい

突然ですが……、あなたは**「貧《ひん》すれば鈍《どん》する」**という〝ことわざ〟があるのを知っていますか？

これは、こういうことなんです。

「人は貧乏をすると……、毎日の生活をなんとか切り抜けていくことばかりを考えるようになる。

そうすると頭の回転が衰えてしまい、賢い人でもおろかになって、いい知恵が出なくなってしまう。

また、心まで貧しくなってしまって、バカなことをしてしまったり、相手を攻撃してしまったり……、良くないことが立て続けに起こってくる」。

……こういう意味があるそうなんですね。

ひとりさんは、この〝ことわざ〟について、「これは本当のことなんだよ」と言っています。

ひとりさんいわく、「お金に困っている人」や「ずっと貧乏を続けてきた人」からは**「不幸な貧乏波動」**というものが出ているそうです。

その「不幸な貧乏波動」を出しているかぎり、「良くないこと」（さらなる貧乏、病気など、人生が行き詰まるようなこと）を次々と呼び寄せてしまうのだとか。

では、どうしたら、「たとえ、いまは貧乏でも、困ったことの悪循環から抜けられるの？」と思いますよね。

ひとりさんはこんなふうに言っています。

「あのね、『貧乏な人』ってね、実は、そこから抜けるのが大変なんです。

なぜなら親御さんも貧しかったし、友だちもお金に困っている人が多い。

そういう人が集まって、いつもいつも、『また金がないな……』とか、『貧乏だからしようがない』っていう話をしている。

だから、『お金はなかなか入ってこないものだ』とか、『自分たちは、〝お金持ち〟とは無縁の生活だ！』っていう〝思い込み〟が強くて抜けないんです。

実は、それが『不幸な貧乏波動』なんだよ。

『不幸な貧乏波動』を出していると、たとえ賢い人だったり、才能がある人でも、本当の実力が出せなくなります。

だいたい、自分の実力の三〇%から五〇%ぐらいしか出せない。

だから、すっごくもったいないんです。


そこから、本気で抜けたい！　と思ったら、自分の波動を変えなきゃいけない。

いまはお金がない状態だったら……、『お金を使わないで波動を変える方法』を工夫して考えなきゃいけないの。

それが、『大金持ちごっこ』なんだよ。

自分の乗っている中古の国産車を『オレのベンツだよ（笑）』って呼んで

丁寧に運転してみたり、家で『目玉焼き』を食べるときに、一流ホテルのレストランで食べるときのために、ナイフとフォークで上品に食べる練習をしてみたり……。

こういう〝遊び〟って、『バカバカしいよ……』って思う人がいるかもしれない。

でもね、ひとりさんに言わせると、バカバカしくないんです。

こうやって豊かな気持ちになる『遊び』をやっているだけで……、本当にあなたの波動が『幸せな成功波動』に変わってきちゃうんだよね。

そうなると、現実でも、あなたを『幸せなお金持ち』にするような出来事が、どんどん起こってくるものなの。

『貧しさ』から抜け出す、最初の第一歩。

これが『大金持ちごっこ』なんだよ」。

ひとりさんの言うように、「大金持ちごっこ」は、ただのゲームではありません。

あなたの波動を変え、あなたを実際に夢へと近づける「ドリーム・ゲーム」なのです。

★豊かで成功してしまうひとりさんの教え★

「貧しさ」から抜け出す最初の一歩が「大金持ちごっこ」

第2章

知っていると、人とお金に愛される「魔法の習慣」

気持ちよく旅立たせるのがお金に対する「愛」になる

何かモノを買って、レジでお金を払うとき……。

レストランでごはんを食べて、お金を払うとき……。

それから、誰かに「お小遣い」をあげるとき……。

こんな言葉を言って、お金を払うと、「お金さん」もみんなもとっても喜んでくれるそうです。

「ありがとうございます」。

ひとりさんはこんなふうに言っています。

だよ。「オレがお金を払うときは、いつも、『ありがとうございます』って言うんだよ。

これは『お金さん』に対しても言っているし、『お金を受け取ってくれる人』にも言っているの。

定食屋のレジとかで、お店の人に、『はい、ありがとな』ってお金を払うと、レジの人も嬉しそうなんだよ。

それから、誰かにお小遣いを渡すときも、『ありがとう』なんだよ。

『いつも顔晴《がんば》ってくれて、ありがとな』（※ひとりさんは『頑張る』を『顔晴る』と書きます）。そうやって渡すと、相手もすごく嬉しそうだし、

こっちも気持ちいいんだよね。
この『お金を気持ちよく払う』っていうのが、すごく大事なの。
自分のところから、気持ちよく旅立たせてあげるのが、お金に対する『愛』なんだよ。
お金は『愛してくれている人』のところに、また帰ってきてくれるものだからね」。

「お金を気持ちよく旅立たせる」。これって、すごく大切なことですよね。
「こんな人にあげたくないな〜」とか、「こんな人に払いたくないな〜」という気持ちでしぶしぶお金を払ったら、そこへ行く「お金さん」もかわいそうです。

ぼくたちを
愛してくれてるね
この人の
ところに
行きたいな
壱万
壱万
壱万円
ありがとう
壱万円

どうせお金を払うなら、気持ちよく払ったほうがいいですよね。

「このお店に払えてよかった！」。「この人に渡せてよかった！」。

そんな、さわやかな気持ちで「お金さん」を旅立たせたいですね。

★豊かで成功してしまうひとりさんの教え★

お金を払うときは「ありがとうございます」と言おう！

売れている人はみんな「愛ある押し出し」をやっている！

ひとりさんの教えに**「愛ある押し出し」**というものがあるんですね。

「押し出し」とは、自分が誇り高く、自信を持って生きるために……、また一緒に仕事をする人やお客さんに信頼感を与えるために……、**「身だしなみ」**をいつもきちんとしておくこと。

さらに言うと、「この人は成功しているんだな！」「この人は豊かなんだな！」と思わせるような雰囲気。

「パリッとしたステキな格好をしておくこと」。これを「愛ある押し出し」

と言います。

この「愛ある押し出し」は、古くは戦国武将とか、メジャーな歌手とか、売れっ子のタレントさんとか……、正直な話「成功している人」はみんなこれをやっているんですね。

でも、「愛ある押し出しをしている」ってことを、なかなか口にしません。なぜなら、「清貧の思想」（正しい行いをするために、私欲を捨てて、質素であることがいいんだ……という昔の考え方）が根強く残っている日本では、「押し出し」の伝え方を一歩間違えると、「見栄っ張りだ……」とか、「ハッタリだ……」などと思われてしまうから。

だから、みんなやっているにもかかわらず、「愛ある押し出し」に関することは、あんまり公表して言わないんですね。

そんな中、「『愛ある押し出し』なくして成功した人はいないんだよ」というころを正直に教えてくれるひとりさんは、とても「愛情」と「勇気」がある人だと思うのです。

ひとりさんはこんなふうに言っています。

「ひとりさんの本を読んでいる人は、精神的なことを学んで、自分も幸せになりたいし、人のことも幸せに導きたい人だよね。

それでね、人のことを幸せに導くときなんだけど……、『これ、やるといいよ』って言っている当人が幸せそうじゃなかったら、人は話を聞こうとはしないよ。『幸せそうじゃない人』に心を開いたり、大切な相談をしようなんて、なかなか思わないよね。

おまわりさんが制服を着て、お医者さんが白衣を着ているのは、そうやってビシッと身なりを整えていると、『この人の言うことを聞こう』って信頼されやすくなるからだよね。

人に頼りにされたり、信頼されたいと思ったら、〝幸せあふれるような格好〟をしてなきゃいけない。それが『押し出し』なんだよ。

だから『愛ある押し出し』は、相手に愛で行うものなんだよ」。

「では、〝愛ある押し出し初心者〟の人が、最初に何を身に付けたらいいんですか？」と思うでしょう。

昔、私も最初に「愛ある押し出し」をしようと思ったとき、そう思いました。

ひとりさんの周りの人は、「ヴィトンのバッグ」と「ロレックスの腕時

ビシッ!
この人の
言うことを
聞こう

計」……、まずこの二つを持つことを目標にするんですね（※もちろん、お金が貯まってきたら……の話です。お金がないときは、「大金持ちごっこ」で自分の腕時計を「オレのロレックスだよ（笑）」と呼んで、楽しみながら〝豊かで幸せな成功の波動〟を身に付けることに専念していましょう。無理をしてまで、そろえる必要はありません。そして、買うときは中古でも、もちろんOKです）。

なぜ、この二つのブランドを目標にするか、わかりますか？

「ヴィトン」と「ロレックス」は、ほとんどの人がわかる「王道のブランド」だからです（……他のブランドだと知らない人が多いから）。

ひとりさんはこんなふうに言っています。

「『愛ある押し出し』っていうのはね、『この人は豊かな人なんだ！』『この人は信頼のおける人なんだ！』とわかってもらうためにやるの。

人って、相手の持ち物をよく見ている人が多いんだよ。ヴィトンやロレックスをさりげなく身に付けておけば、ひと目でそれがわかるよね。

『なんで、相手に、豊かだとわからせる必要があるんですか？』と思う人がいるかもしれない。

それは、こういうことなの。

人ってね、ホントに正直なところ……、『豊かで幸せそうな人』の話を聞きたいと思うものなんだよ。

その反対に、『人生下がり気味の人』が、どんなにすばらしい『理想論』を語ったところで、それを聞きたいと思うかな？

人に話を聞いてもらいたかったり、人から信頼を得たかったりするなら、『私は豊かなんです』『私は幸せなんです』とハッキリと示す必要があるんだよ。

それを現す手段のひとつが『愛ある押し出し』なの（※もちろん他の方法もありますが、わかりやすく目で見えるのは『押し出し』です）。

だから、『人気商売の人』や『人の上に立つ人』、『何かを伝えたい人』などには、『愛ある押し出し』は欠かせないんだよ」。

ひとりさんの話を聞いていると、「愛ある押し出し」の必要性を痛感しますよね。しかし、世間一般の人の中には、この大切さがなかなか理解できない人がいるんですよね。

かくいう私も人のことは言えず、ＯＬのころは、「ブランドものとか、そういうものを持つのはちょっと……。私は外側より、中身で勝負をしたいわ」と思っていたので、そういう方の気持ちもわかります。

でもね、何度も何度も言いますが……、「幸せな成功がしたい！」と思っているのなら、「愛ある押し出し」って本当に必要なんですよね。

「愛ある押し出し」についてもっと詳しく知りたい人は、みっちゃん先生著『誰でも成功できる押し出しの法則』（ＫＫロングセラーズ刊）をぜひ読んでみてくださいね。

★豊かで成功してしまうひとりさんの教え★

バッグや腕時計を「いいもの」にして、「押し出し」をしよう！

「愛ある押し出し」に〝ひねり〟はいらない！

「愛ある押し出し」のことをみなさんにお伝えするとき、「大切なポイント」があるので、それをお知らせしますね。

例えば、「愛ある押し出しをしよう！」と思って、「ヴィトンのバッグ」や「ロレックスの腕時計」を買うときに、「ひとひねりあるもの」を選ぶ方がいるんですね。

例えば、ヴィトンのバッグでも、パッと見て、「ヴィトンだとわからないような柄のもの」ってあるんですよね（限定品などに多いようです）。

たぶん、そういうものをあえて選ぶときって、「人と違うオシャレなものを持ちたい！」とか、「ブランドに詳しい人が、『あの人、あんな珍しいものを持っている！』とかって、わかってくれたらいいな」とか、そういう気持ちで買うんですよね。

わかります、その気持ち。

でもね、そういう「わかりにくいもの」を選ぶことって、本来の「愛ある押し出し」の意味に沿っているのでしょうか？

ひとりさんはこんなふうに言っています。

「『愛ある押し出し』っていうのはね、『パッとわかってもらうため』にやるんだよね。それなのに、普通の人がパッとわからないようなものをあえて選んだりするのは、『自己満足の世界』なんだよね。わかるかな？

ロレックス
ヴィトン
ステキ！
この人に
ついて
いきたいな

これは『愛ある押し出し』とは言わないの。

『愛ある押し出し』っていうのは、極端なことを言うと、『相手に、自分のことを豊かで幸せな人だとわかってもらうため』にやるんだよ。

『この人の話を聞きたい！』『この人なら信頼できる！』『この人についていきたい！』……。周りの人がそう思ってくれて、そして、自分についてきてくれた人を、本当に幸せに導いていく波動。

そういう波動のある人が、そのためにやる行為なの。

それと『自己満足のオシャレ』とは違うんです。

『自己満足のオシャレ』は、イヤミにはなっても『愛ある押し出し』にはならないんですよ（笑）」。

あなたも「愛ある押し出し」をしようと思ったら、なるべく「相手にとって、わかりやすいものを選ぶ」。

ブランドにまったくうとい人でも、気付けるようなものがベストなのです。

これが「愛ある押し出し」をするときの大切なポイントですね。

あなたが「幸せな成功」への道を歩んでいく上で、このことを、ほんのちょっとだけ、胸にとどめておいてくださいね。

★豊かで成功してしまうひとりさんの教え★

「愛ある押し出し」としてバッグや腕時計を買うときは「わかりやすいもの」を選ぶ

主婦でも「愛ある押し出し」してもいいの？

ひとりさんが「愛ある押し出し」の話をすると、こんな質問がよく来ます。

「私は主婦なのですが……、私も『愛ある押し出し』してもいいのでしょうか？」。

最初、私はこの方の質問の意味がよくわからなかったのですが……、よくよく聞いてみると、こういうことでした。

「自分は主婦という『裏方』の立場なので……、目立つような格好をしたり、派手なバッグや時計を持ったりしてはいけないように思うのです……」。

この質問に対して、ひとりさんはこんなふうに答えています。

「主婦は、『裏方』なんかじゃないんだよ。

逆に、『一家のスター』なの。

主婦は、子どものためにも、ダンナのためにも、押し出さなきゃダメなんだよ。

主婦が、いつもきれいな格好をして、ニコニコして、みんなにやさしくしていたら……、家の中の『波動』がいっきに明るくなるよ。

家の中に『福の神』がいるのと同じだよね。

主婦だからって、『目立っちゃいけない』とか、『地味にしていなきゃい

主婦は
一家のスター
ママ
キレイだね

けない』とか、しみったれたこと言うの、やめた方がいいよ。『一家のスター』がしみったれたこと言ってると、家じゅうがしみったれるからね（笑）。

それが子どもにうつったら、大変だから、やめな（笑）」。

子どもってお母さんが、「私は子どものために節約して、ガマンしているのよ」なんて言うのを聞くの、実はとってもイヤなんですよね。

お母さんがキレイな服を着て、オシャレして、楽しそうにニコニコしている方がずーっとうれしい。

誰だって「キレイで輝いているお母さん」が好きだし、それが自慢なんですよね。

主婦だからといって、地味な服ばかり着たり、「着飾りたい気持ち」を抑える必要はありません。

ステキな「愛ある押し出し」をして、一家のスターになって、家族を明るく照らしていきましょう！

★豊かで成功してしまうひとりさんの教え★

主婦がキレイにしていたら
家の中に「福の神」がいるのと同じ

「プリンセス」のようにふるまうと「プリンセスにふさわしいこと」が起こる!

これからお話することは、「豊かで幸せになりたい女性」に、ぜひ知っていただきたいお話です。

あなたは『マイ・フェア・レディ』という映画を知っていますか?

若き日のオードリー・ヘップバーンが主役を演じ、当時、大ヒットとなった映画です。

主人公のイライザは、貧しい暮らしをしている「花売り娘」です。

イヤなことや辛いことばかりが起こる「苦しい生活」の中で、イライザは怒鳴り散らすような言葉を使っています。

イライザは「きれいな言葉」や「礼儀」というものを知らない環境で育ったのです。

ところがひょんなことから、ハンサムで紳士的な言語学者に出逢います。

ステキな言語学者は、イライザの「言葉」を徹底的に直し、レディとしての「礼儀」を教え込みます。

いつも「ごきげんよう」と微笑み、立ち振る舞いもエレガントにするように心がけたイライザ。

彼女は「貧しい花売り娘」から、「プリンセス」へと変身したのです。

すると、どうでしょう。

彼女のことを周囲の人は、「プリンセス」のように扱い始めます。

イライザは、いままで経験したことがないほど、人にやさしくしてもらったり、大切にしてもらったり、特別待遇を受けるようになりました。

そして最後には、思ってもみないような「ステキな奇跡」が、彼女の人生に起こるのです（※何が起こったかは、ぜひ映画をご覧になってくださいね）。

ひとりさんは『マイ・フェア・レディ』について、こんなお話をしています。

「昔、オードリー・ヘップバーンが演じた『マイ・フェア・レディ』っていう映画があったよね。

きれいな言葉や礼儀を知らなかったスラム街の女性が、礼儀を覚えて、

売れねーなあ
チッ
ごきげんよう
コワイ…
ステキなレディだな〜

きれいな言葉を覚えて、微笑みを絶やさないようにしたら……、どんどん幸せになって、奇跡のような出来事が起こった……っていう話なの。

この映画が何を言いたいか、わかるかい？

『プリンセスのようにふるまうと、プリンセスにふさわしいことが起きる』。

この世には、そういう法則があるということです。

だから、『幸せなお金持ち』になりたかったら、『幸せなお金持ち』のようにふるまえばいいんです。

『私は豊かで幸せなプリンセスなんだ！』。

そう思いながら、いつも微笑みを絶やさず、立ち振る舞いをエレガントにする。

好きな女優さんの話し方やしぐさをマネてもいいよね。

それからプリンセスって、外見だけじゃなく、心もキレイだよね。

自分の周りの人に、プリンセスのように、慈悲深くやさしく接する。

そういうふうに、プリンセスとしてふるまっている人には、『プリンセスにふさわしいこと』が起こってくるんです。

『私みたいに、ガサツな環境で育った女は、とてもそんなふうにふるまえないんです』なんて、あきらめちゃダメだよ。

どんな育ち方をしたとしても……、あなたがその気になれば、『プリンセスのようにふるまうこと』ってできるんです。

『プリンセスごっこ』だと思って、楽しみながら〝ふり〟をしていればいい。

そうやって楽しく〝ふり〟をしているうちに、あなたの人生に、いままで思ってもみなかったような『ステキな奇跡』が起こるんですよ」。

女性のみなさん！　まずは気持ちだけでも「プリンセス」になってみませんか？


いつも微笑みを絶やさないようにする。

ハイヒールを履いて、きれいな姿勢で優雅に歩いてみる。

ナイフとフォークを使って、上品に食事をする。

「いつも、ありがとうございます」。「ステキな笑顔ですね」。「〇〇さんに感謝しているんですよ」。

そんなふうに、逢う人、逢う人の心に、花を咲かせる言葉をプレゼントする。

そうやって、「プリンセスのふり」をしているだけで……、本当に「プリンセスにふさわしいこと」がやってくる！

『マイ・フェア・レディ』という一本の映画を見ると、そのことがしみじみ実感できるのです。

★豊かで成功してしまうひとりさんの教え★

プリンセスのように話し
プリンセスのようにふるまおう！

#「お金を貸して！」という人へひとりさん的対処法

あなたが成功したり、豊かになったりすると、あなたからは知らず知らずのうちに「豊かで幸せな成功の波動」というものが出るようになります。

そうすると、中には、その「豊かで幸せな成功の波動」を察するように、「いまお金に困っているから、お金を貸してほしい」と言ってくる人がいるんですね。

ひとりさんはこんなふうに言っています。

「成功して、お金持ちになると、神さまからの試験がくるんだよ。それは

ね、あなたが稼いだお金を、ちゃんと維持できるかの試験なの。人が『お金を貸してほしい』って言ってくるのも、その試験のひとつなんだよ」。

こういうとき……、あなたなら、どんなふうに対処しますか？

ひとりさんはこんなふうに言っています。

「『お金に困っている人』というのはね……、困っているんじゃないの。

その人は、いま『お金の修行』をしているっていうことなんだよな。

だから、修行している人のことをかわいそうに思ってお金を貸すことは、『その人の修行をジャマする』っていうことになるんだよ。

だから、人にお金を貸してはいけないの。

『この人は、ちゃんと自分で、お金のことを解決できる』。

『この人は、いい修行をしているなぁ』。

そう思って、気長に見守ることが大事だよね。

でもね、その人をそのまま帰すのが、なんともしのびないなぁ……と思ったら、あなたのお小遣いの中から、二万円か三万円出して、『今日は何か美味しいものでも食べて帰りな。あんたの顔見られてホッとしたよ。ありがとう』って笑顔で渡すの。

その二万円か三万円は、『その人が修行を乗り越える応援料』だと思って、あげればいい。

オレの場合はいつも、そういうふうにしているんだよ」。

相手の修行のジャマはしないけど、「心から応援しているよ」と信じて、

今日は何か
美味しいものでも
食べて帰ってね
じ〜ん
壱万円

その気持ちを伝えること。

そうしたら、その人も、きっと「お金の修行」を顔晴れるでしょう。

さすがは、ひとりさんですね。

私も、ひとりさんをマネして、「お金を貸して……」という人には、いつもこうしています（※ただし、自分が昔、とても世話になった人や、どうしても助けたい人には、お金を「あげるつもり」で貸す場合もありますよ。ご参考までに）。

★豊かで成功してしまうひとりさんの教え★

お金は貸さないけれど、応援してあげる

仲間と一緒に豊かで幸せになっていく「こんぺいとう現象」

「もっと豊かで幸せになりたい！」。

「もっと楽しく、幸せな成功がしたい！」。

そう思ったとき、「同じような考え方の仲間」がいると、とっても助けられます。

なぜなら、仲間の誰かが「大金持ちごっこ」をしていると、「それって、いいね！」ってすぐにマネしたり……、「ねえ、知ってる？『押し出し』っていう方法もあるんだよ」なんて教えあっているうちに、その仲間のグループ全体がどんどんスピードアップして、「幸せな成功」へ歩んでいけるからです。

これを**「こんぺいとう現象」**と言います。

「こんぺいとう」とは、あの砂糖菓子の「こんぺいとう」です。

「なぜ、仲間で一緒に成功していくことを『こんぺいとう』にたとえるの？」と思うかもしれませんね。

ひとりさんはこんなふうに言っています。

「仲間のうちで、ある一人が、『幸せで豊かになれる方法』を一生懸命やりだすとするよね。

そうするとね、その周りの人は、その人の影響を受けるんです。

その人をマネて、自分もそれをやるようになるの。

ひとりが
「幸せで豊かになるための角」を
立てると…
これ
やるといいよ
これと同じで
ここに砂糖が
ひっかかりやすくなる
へえ！
私も
やってみよう
かな
こんぺいとう現象

これって、『こんぺいとう』を作るときと似ているんだよ。

こんぺいとうって、最初は小さな小さな砂糖のつぶなんだよね。

それが、砂糖をかけながら転がされているうちに、どこか一か所に砂糖がひっかかって、『角』ができる。

そうすると、『角の周り』にも、砂糖がひっかかって埋まりやすくなるの。

そうやって『こんぺいとう』自体がどんどん大きくなって、なんともいえない『美しい形』になっていく。

これと同じように……、誰かひとりが『幸せで豊かになるための角』を立てると、周りの人もモチベーションが上がって、そのことをやりやすくなるの。

それで、周りにいる人も一緒になって、どんどん豊かで幸せになってい

けるんだよ」。

ひとりさんの言う、「こんぺいとう現象」。これって、すごくステキな現象だと思いませんか？

言ってみれば、私たち、「まるかん」の社長仲間も、「こんぺいとう現象」です。私たちがまだＯＬだったり、サラリーマンだったりしたころから、ひとりさんは「豊かで幸せになれる方法」を一生懸命話してくれました。

そして、誰かがひとりさんの教えにいたく感動して、それをいち早く始めると、「私も！」「オレも！」って、みんながそれにどんどん続いていきました。

そして気が付いたら……、社長たち、八名全員が「長者番付」に名前が載るほど、豊かになっていたのです。

しかも、仲間と一緒に助け合ったり、教え合ったりして歩んできたので、お互いの「絆」もさらに深まりました。

よく「成功者は孤独だ……」という人がいますが、それは、たったひとりだけで歩んできた人の話です。

より楽しく、幸せに成功したいのなら、「同じような志を持つ仲間」を見つけて、一緒に歩んでいきましょう。

もちろん、仲間ができたら、あなたが知っていることは、惜しみなく教えてあげてくださいね。

あなたも仲間から助けてもらったり、励ましてもらったりして、お互いに魂が高め合える。

そんな仲間と出逢えたら、最高ですね。

もし、あなたの周りに「同じような志」の人がいなかったり、あなたの気持ちをわかってくれる人がいなくても、心配はいりません。

全国には、ひとりさんの教えが大好きな「ひとりさん仲間」がいっぱいいます。いまはインターネットが普及しているので、ネットができる人は、ブログやSNS（ソーシャル・ネットワーキング・サービス。フェイスブックやミクシィなど）で仲良くなるのもひとつの方法ですよね。

ちなみに、新小岩の「ひとりさんファンの集まるお店」でも、ステキな仲間がいっぱいいます。

一緒に「幸せな成功」へ歩んでいく仲間が、あなたとの出会いを待っていますよ。

★豊かで成功してしまうひとりさんの教え★

同じ志を持つ仲間と助け合いながら、みんなで一緒に豊かで幸せになろう！

豊かで成功してしまうひとりさんの教え

（お友達や大切な人にコピーしてあげてくださいね。
仲間と一緒に、みんなで「豊かで幸せな成功の波動」になりましょう。）

さいとうひとり公式ブログ

http://saitou-hitori.jugem.jp/
一人さんが毎日、あなたのために、
ついてる言葉を日替わりで載せてくれています。
ときには一人さんからのメッセージもありますので、
ぜひ、遊びに来てください。

お弟子さんたちの楽しい会

◆斎藤一人 一番弟子――柴村恵美子
恵美子社長のブログ
http://ameblo.jp/tuiteru-emiko/
恵美子社長のツイッター
http://twitter.com/shibamura_emiko
PC サイト　http://shibamuraemiko.com/

◆斎藤一人　ふとどきふらちな女神さま
――舛岡はなゑ
http://ameblo.jp/tsuki-4978/

◆斎藤一人　みっちゃん先生公式ブログ
――みっちゃん先生
http://mitchansensei.jugem.jp/

◆斎藤一人　芸能人より目立つ!!
365 日モテモテ♡コーディネート♪――宮本真由美
http://ameblo.jp/mm4900/

◆斎藤一人　おもしろおかしく♪だから仲良く☆
――千葉純一
http://ameblo.jp/chiba4900/

◆斎藤一人　のぶちゃんの絵日記
――宇野信行
http://ameblo.jp/nobuyuki4499/

◆斎藤一人　感謝のブログ　４匹の猫と友に
――遠藤忠夫
http://ameblo.jp/ukon-azuki/

◆斎藤一人　今日一日、奉仕のつもりで働く会
――芦川勝代
http://www.maachan.com/

49《よく》なる参りのすすめ

49なる参りとは、指定した4カ所を9回お参りすることです。お参りできる時間は朝10時から夕方5時までです。

◎1カ所目……ひとりさんファンクラブ　五社参り
◎2カ所目……たかつりえカウンセリングルーム　千手観音参り
◎3カ所目……オフィスはなゑ　七福神参り
◎4カ所目……新小岩香取神社と玉垣参り
(玉垣とは神社の周りの垣のことです)

ひとりさんファンクラブで49なる参りのカードと地図を無料でもらえます。お参りすると1カ所につきハンコを1つ押してもらえます（無料）。

※新小岩香取神社ではハンコはご用意していませんので、お参りが終わったらひとりさんファンクラブで「ひとり」のハンコを押してもらってくださいね!!

ひとりさんファンクラブ

住　所：〒124-0024　東京都葛飾区新小岩1-54-5
ルミエール商店街アーケード内
営　業：朝10時〜夜7時まで。
年中無休電話：03-3654-4949

各地のひとりさんスポット

ひとりさん観音：瑞宝山　総林寺
住　所：北海道河東郡上士幌町字上士幌東4線247番地
電　話：01564-2-2523

ついてる鳥居：最上三十三観音第二番　山寺千手院
住　所：山形県山形市大字山寺4753
電　話：023-695-2845

観音様までの楽しいマップ

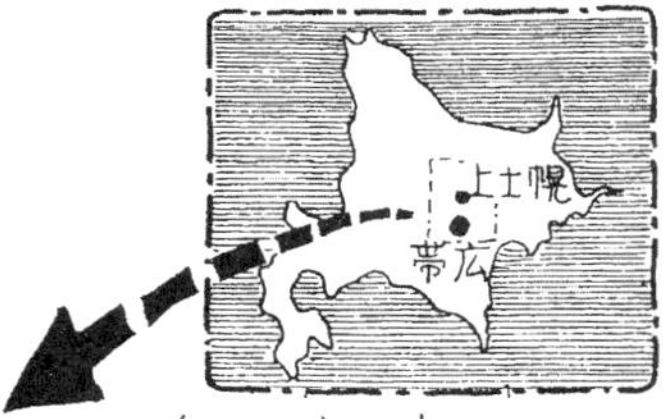

① 愛国←→幸福駅

『愛の国から幸福へ』この切符を
手にすると幸せを手にするといわれ
スゴイ人気です。ここでとれるじゃがいも
野菜・etcは幸せを呼ぶ食物かも!
特にとうもろこしのとれる季節には、
もぎたてをその場で茹でて売っている
こともあり、あまりのおいしさに
幸せを感じちゃいます。

② 十勝ワイン(池田駅)

ひとりさんは、ワイン通といわれています
そのひとりさんが大好きな十勝ワイン
を売っている十勝ワイン城があります
★十勝はあずきが有名で『赤い宝石』
と呼ばれています。

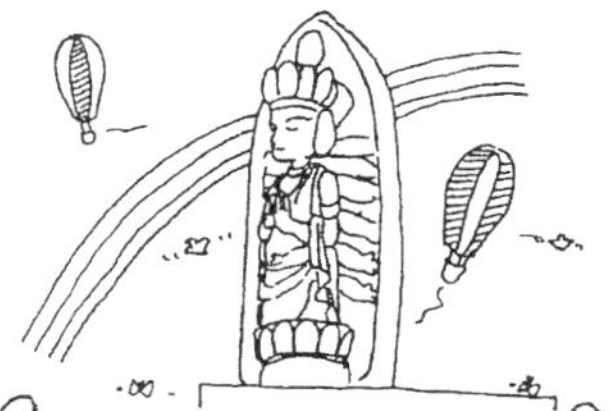

★ 観音様

ひとりさんの寄付により、夜になると
ライトアップして、観音様がオレンジ色
に浮かびあがり、幻想的です。
この観音様は、一人さんの弟子の1人
である柴村恵美子さんが建立しました。

③ 上士幌

上士幌町は柴村恵美子が生まれた町。
そしてバルーンの町で有名です。8月
上旬になると、全国からバルーンミスト
が大集合。様々な競技に腕を競い
合います。体験試乗もできます。
ひとりさんが安全に楽しく気球
に乗れるようにと願いを込めて
観音様の手に気球をのせています。

④ ナイタイ高原

ナイタイ高原は、日本一広く大きい牧場
です。牛や馬、そして羊もたくさんいちゃうのヨ。
そこから見渡す景色は雄大で感動!!
の一言です。ひとりさんも好きなこの場所
は行ってみる価置あり。
牧場の一番てっぺんにはロッジがあり
ます(レストラン有)。そこで、ジンギスカン
焼肉・バーベキューをしながらビールを
飲むとオイシイヨ!とってもハッピーになれ
ちゃいます。それにソフトクリームがメーチャ
オイシイ。2ケはいけちゃいますヨ。

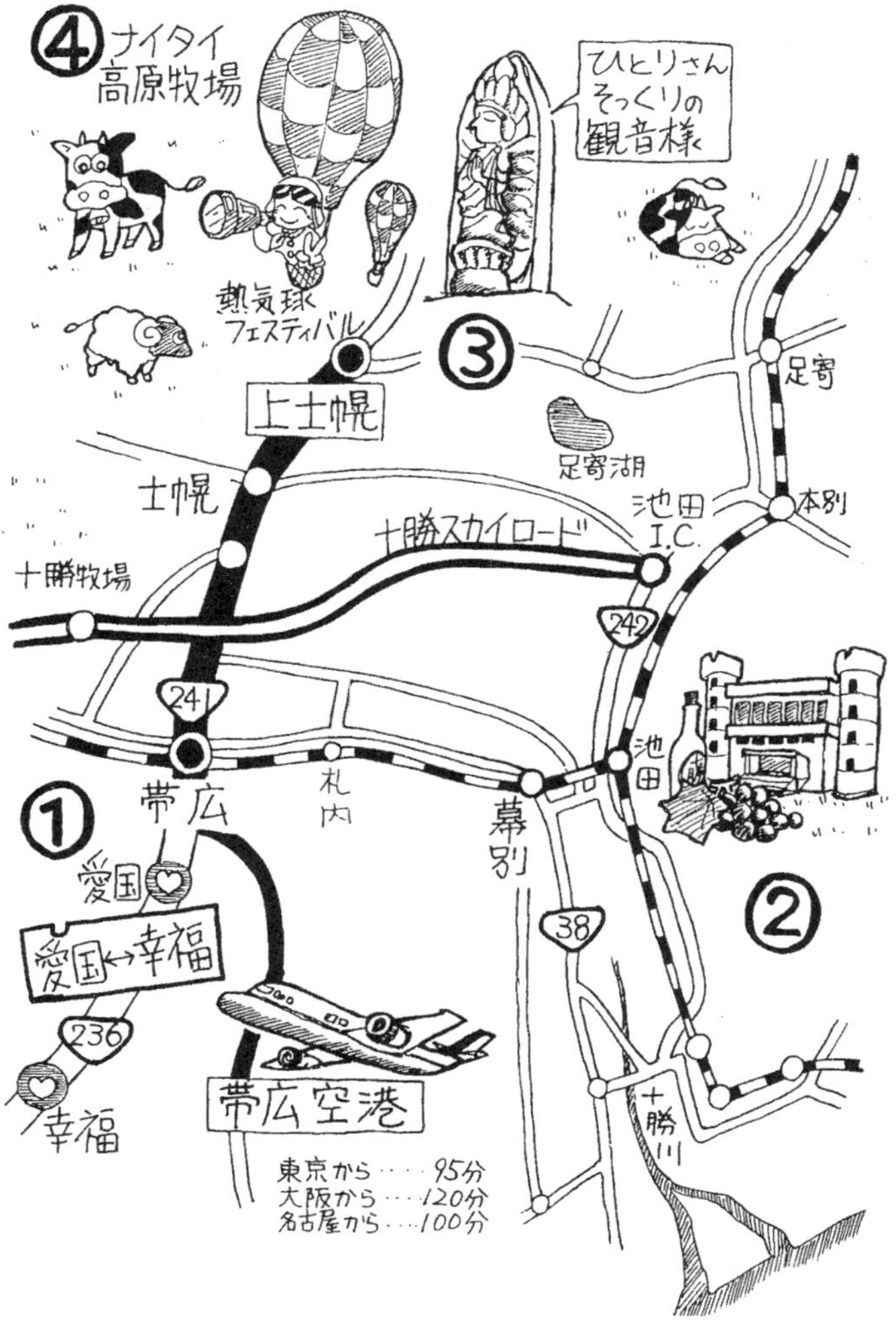
④ナイタイ高原牧場
熱気球フェスティバル
ひとりさんそっくりの観音様
③
上士幌
足寄
足寄湖
士幌
池田I.C.
本別
十勝スカイロード
十勝牧場
242
241
池田
帯広
札内
幕別
①
愛国
愛国↔幸福
236
幸福
38
②
十勝川
帯広空港
東京から……95分
大阪から……120分
名古屋から……100分

斎藤一人さんのプロフィール

東京都生まれ。実業家・著述家。ダイエット食品「スリムドカン」などのヒット商品で知られる化粧品・健康食品会社「銀座まるかん」の創設者。1993年以来、全国高額納税者番付12年間連続6位以内にランクインし、2003年には日本一になる。土地売買や株式公開などによる高額納税者が多い中、事業所得だけで多額の納税をしている人物として注目を集めた。高額納税者の発表が取りやめになった今でも、着実に業績を上げている。また、著述家としても「心の楽しさと経済的豊かさを両立させる」ための本を多数出版している。『変な人の書いた世の中のしくみ』『眼力』（ともにサンマーク出版）、『強運』『人生に成功したい人が読む本』（ともにPHP研究所）、『幸せの道』（ロングセラーズ）など著書は多数。

1993年分――第4位	1999年分――第5位
1994年分――第5位	2000年分――第5位
1995年分――第3位	2001年分――第6位
1996年分――第3位	2002年分――第2位
1997年分――第1位	2003年分――第1位
1998年分――第3位	2004年分――第4位

〈編集部注〉

読者の皆さまから、「一人さんの手がけた商品を取り扱いたいが、どこに資料請求していいかわかりません」という問合せが多数寄せられていますので、以下の資料請求先をお知らせしておきます。

フリーダイヤル 0120-497-285

本書は平成二七年三月に弊社で出版した
書籍を新書判として改訂したものです。

最新版
大富豪が教えてくれた
本当に豊かになれる大金持ちごっこ

著　者　みっちゃん先生
発行者　真船美保子
発行所　KK ロングセラーズ
東京都新宿区高田馬場 2-1-2　〒 169-0075
電話 (03) 3204-5161(代)　振替 00120-7-145737
http://www.kklong.co.jp

印　刷　太陽印刷工業(株)　製　本　(株)難波製本
落丁・乱丁はお取り替えいたします。
※定価と発行日はカバーに表示してあります。

ISBN978-4-8454-5059-6　C0230　Printed In Japan 2018